Dr. Ina G. Sommermeier

Richtig sitzen

Tipps für mehr Balance beim Reiten

CADMOS

Inhalt

Gedanken vor dem Aufsitzen

Noch eine Anleitung zum reiterlichen Sitz? Sitzen ist doch keine Kunst, man tut es sowieso, vor dem Fernseher, in der Schule, im Auto, im Büro ... und weiter: Jeder Reitstil verlangt eine andere Haltung – was heißt da „richtig sitzen"? Der kleinste gemeinsame Nenner aller Reitweisen ist die Forderung nach einem losgelassenen, ausbalancierten Sitz des Reiters. Mit dieser Grundfertigkeit kann in jede beliebige Richtung der Reiterei differenziert und ausgebildet werden. Der unabhängige Sitz ist keine starre Form, keine Schablone, sondern hängt von den individuellen Bedingungen des reitenden Menschen ab. Und er entsteht jeden Moment neu.

Der „richtige Sitz" agiert und reagiert, führt das Pferd und fängt seine Bewegung auf – der Reiter lernt auf körperlicher Ebene, sich „einzusetzen", lernt, sich „durchzusetzen". Das wiederum lehrt den Reiter viel mehr, als nur sich richtig „hinzusetzen".

Das Reiterstandbild – Übungen auf dem stehenden Pferd

„Sitzen" – konzentriert oder entspannt – unterscheidet sich im Alltag deutlich von der Haltung auf dem Pferd.

Alle reden vom Sitzen: Sitzschulung, Sitzkorrekturen, Sitzübungen, Aufsitzen, Einsitzen, Dressursitz, leichter Sitz ... Was ist denn so schwer daran, auf dem Pferderücken zu sitzen, dass man sich darüber Gedanken machen müsste? Können wir nicht von klein auf sitzen, lernen

Übung „Bewusst sitzen"

Setzen Sie sich auf möglichst verschiedene Möbel: Küchenstuhl – Büromöbel – Sofa – Bettkante – Autositz – Tischkante – Barhocker – Sitzball, vielleicht fallen Ihnen noch mehr ein? Achten Sie dabei auf die Linie, die Ihr Körper einnimmt: Wie stark knickt der Oberkörper gegen die Beine, wie viel Gewicht lastet jeweils auf den Oberschenkeln, den Füßen?

Ein Sitzgefühl, das niemand lange aushalten kann.

es bereits im ersten Lebensjahr? Und verbringen wir nicht die meiste Zeit unseres Alltags im Sitzen?

Wenn Sie das nächste Mal aufs Pferd steigen, nehmen Sie sich einen Moment Zeit, bevor Sie losreiten:

Übung „Reiterstandbild I"

Stellen Sie sich vor, Sie sollen für ein großes Bronzedenkmal Modell stehen. Wie möchten Sie verewigt werden? Setzen Sie sich in Positur, gerade, balanciert, selbstbewusst, korrekt. Wie schnell müsste der Künstler arbeiten? Sie dürften sich nicht bewegen, müssten vollkommen still sitzen, wie lange würden Sie das aushalten?

Wenn Sie sich auf dieses Experiment einlassen, hoffen Sie vermutlich, dass der Künstler schnell fertig wird – und Sie sich wieder bewegen dürfen. Bitten Sie nun jemanden, Ihr Pferd anzuführen, und konzentrieren Sie sich vollständig auf Ihr Sitzgefühl. Merken Sie, wie sehr sich die Bewegung des Pferdes auf Ihren Sitz auswirkt, ihn womöglich durcheinander bringt? Vielleicht haben Sie es geahnt, die Übungen mögen es bestätigt haben: Die übliche Vorstellung vom Sitzen hilft uns auf dem Pferd nicht weiter. Innere Bilder und körperliche Erfahrungen, die sich mit dem Begriff „Sitzen" verbinden, führen uns beim Reiten in eine Sackgasse. Warum? „Sitzen" bedeutet auf der Muskelebene eine relativ passive Körperhaltung. (Früher wurden zum Beispiel Schreibarbeiten nicht im Sitzen, sondern an Stehpulten ausgeführt!) Die Körperachse wird mehr oder weniger gebeugt, der Schwerpunkt verlagert sich hinter die Senkrechte und wird vom Gesäß abgestützt. Solange das Pferd ruhig steht, können wir uns mit etwas Übung zurechtbiegen, kommen dabei auch dem korrekten Sitz, wie von der Reitlehre gefordert, recht nahe. Sobald sich das Pferd jedoch bewegt, reichen die Körpererfahrungen, die wir mit dem Sitzen verbinden, nicht mehr aus. Dann sorgt der Körper, reflexartig und schwer zu kontrollieren, selbst für seine Sicherheit: Muskeln spannen sich an, Arme und Beine versuchen zu klammern – viele Sitzfehler haben hier ihre Ursache.

Übung „Ballspiel im Sitzen"

Suchen Sie sich ein paar Leute, die Lust haben, etwas mit Ihnen auszuprobieren. Setzen Sie sich auf Hocker – und beginnen Sie ein Ballspiel. Werfen Sie den Ball immer schneller und unregelmäßiger. Wie lange können Sie sitzen bleiben?

Kathryn sucht nach dem Gefühl für „Stehen" auf dem Pferd – noch würde sie das Gleichgewicht verlieren.

Übung „Reiterstandbild II"

Stellen Sie sich noch einmal vor, Sie sollen für ein Bronzedenkmal Modell stehen. Nehmen Sie diesmal eine bequeme Haltung ein und stellen sich vor, Sie würden im Sattel stehen. Probieren Sie es aus: Setzen Sie sich gemütlich hin – folgen Sie der Vorstellung, im Sattel zu stehen, mit Ihrer Körperhaltung. Gehen Sie ein paar Male zwischen „sitzen" und „stehen" hin und her. Könnten Sie jetzt länger Modell sitzen? Wie ist es, wenn jemand das Pferd anführt?

Diese Reiterin übt einen Wechsel der Haltung vom Sitzen zum Stehen.

Bei der Übung konnten Sie es ausprobieren: Wenn wir reagieren, uns schnell bewegen wollen, stehen wir fast automatisch auf. Und hier liegt auch der Schlüssel, eine reaktionsfähige, aktive Haltung auf dem Pferd zu entwickeln: die Vorstellung, im Sattel zu stehen.

Übung „Im Sattel stehen"

Vergessen Sie einmal alles, was Sie über den korrekten Sitz wissen. Suchen Sie sich eine Körperhaltung auf dem Pferd, die sich angenehm anfühlt – und stellen Sie sich vor, Sie würden stehen. Bringen Sie sich in die Position, aus der Sie – sollte sich das Pferd urplötzlich in Luft auflösen – sicher mit beiden Füßen am Boden landen und stehen könnten.

Wenn Sie mögen, übertragen Sie diese Übung auf das Experiment von vorhin:

Stefanie im korrekten Sitz.

Die Haltung des Reiters wird üblicherweise „Sitzen“ genannt. Auch wir werden diesen Begriff weiterhin benutzen. Es geht hier nur darum, den Begriff „Sitzen“ von Vorstellungen zu befreien, die uns beim Reiten behindern, und ihn stattdessen mit Bildern zu füllen, die das Reiten erleichtern und im Körper hilfreiche Automatismen ansprechen.

Kriterien für den korrekten Sitz

Vergleichen Sie nun Ihren Sitz aus der Vorstellung zu stehen mit den Kriterien für den korrekten Sitz:

- Die Senkrechte: Schulter – Hüfte – Absatz
- Das Gesäß ruht am tiefsten Punkt des Sattels, das Gewicht ist gleichmäßig auf beide Gesäßhälften und die innere Oberschenkelmuskulatur verteilt
- Die Füße befinden sich unter dem Schwerpunkt des Reiters
- Die Füße ruhen annähernd parallel zum Pferdeleib im Bügel
- Die Absätze sind der tiefste Punkt
- Die Wirbelsäule steht aufrecht, in ihrer natürlichen S-Form, genau über der Mitte des Sattels
- Der Kopf wird frei und aufrecht getragen
- Die Schultern werden zwanglos zurückgenommen
- Die Arme hängen etwas vor der Senkrechten herunter und lehnen sich leicht am Rumpf an
- Die Hände sind unverkrampft zur Faust geschlossen
- Unterarm – Zügel – Pferdemaul bilden eine gerade Linie

Dynamischer Sitz – Gleichgewichtsgefühl

Die Erfahrungen, die wir auf dem stehenden Pferd gemacht haben, müssen nun in die Bewegung übertragen werden: denn Reiten ist nun einmal Fortbewegung, Aktivität in Raum und Zeit.

Übung „Wie wirkt Bewegung?"
Setzen Sie sich wieder ganz entspannt im Sattel zurecht. Eventuell fassen Sie mit den Händen in das „Angstriemchen" oder die vordere Sattelkammer. Versuchen Sie, so passiv wie möglich zu werden. Lassen Sie jemand das Pferd energisch anführen: Welche Kräfte wirken auf Ihren Körper ein, in welchen Richtungen wird das Gleichgewicht gestört – und welche Muskeln brauchen Sie, um das wieder in Ordnung zu bringen?

Für die Übungen in den folgenden Kapiteln sollte sich das Pferd fleißig vorwärts bewegen. Sie können am hingegebenen Zügel reiten oder jemanden bitten, Sie zu führen oder an die Longe zu nehmen. So können Sie sich auf sich selbst konzentrieren und Ihre Wahrnehmung nach innen richten, schaffen einen Freiraum zum Lernen und Ausprobieren. Je sicherer Sie sich fühlen, desto weiter können Sie sich auf das Spiel von Anspannen und Entspannen einlassen, desto tiefer das Geheimnis vom Gleichgewicht erkunden. In der Muskulatur wirken viele verschiedene Faktoren: Erfahrungen, Absichten, Erwartungen, Ängste – wir können längst nicht alle bewusst wahrnehmen. Und das ist in Ordnung. Natürlich können Sie die Übungen freihändig reiten. Indem Sie sich aber mit den Händen festhalten, geben Sie Ihrem Organismus ein Signal, dass Sie gut aufpassen – er kann sich sicher fühlen. Wenn Sie mit den Händen einen Halt haben, können die Beine loslassen, werden frei zum Fühlen.

Die Sitzfläche - das Gesäß

Im direkten Kontakt zwischen unserem Körper und dem Sattel oder dem Pferderücken liegt die Basis unseres Reitens. Hier konzentriert sich das Gewicht, bekommen wir die Sicherheit, die uns im Stehen der Boden gibt.

Stefanie zeigt übertrieben, welchen Kräften der Reiter ausgesetzt ist, wenn sein Pferd antritt.

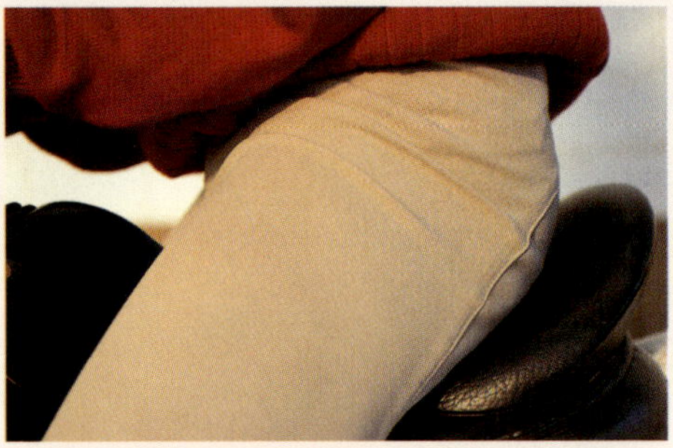

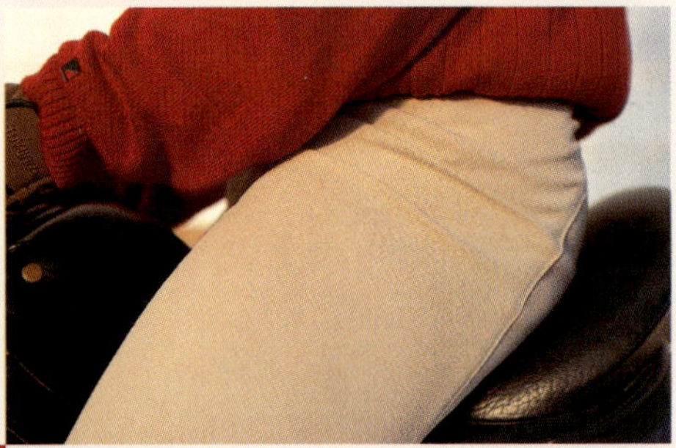

Das Gesäß wird zusammengekniffen, der Körper wird dabei über den Sattel gehoben. Nun entspannt man die Muskeln und das Gesäß schmiegt sich in den Sattel.

Sie können diese Übungen nacheinander oder abwechselnd einsetzen und werden bemerken, dass sich Ihre Auflagefläche im Sattel verändert, Sie kommen „tiefer in den Sattel“. Wenn Sie genau hinspüren, konzentriert sich der Druck Ihres Körpergewichtes auf zwei Stellen: das sind die Sitzbeinhöcker. Diese kleinen Knochenvorsprünge sind circa vier bis fünf Zentimeter lang und befinden sich leicht kufenförmig gebogen am tiefsten Punkt des knöchernen Beckenringes. Da wir sie im Alltag kaum bemerken, sind sie den meisten von uns unbekannt – vielleicht finden auch Sie sie nicht gleich.

Auch der angespannte Oberschenkel hebelt das Gesäß aus dem Sattel, entspannt erlaubt er einen tiefen Sitz.

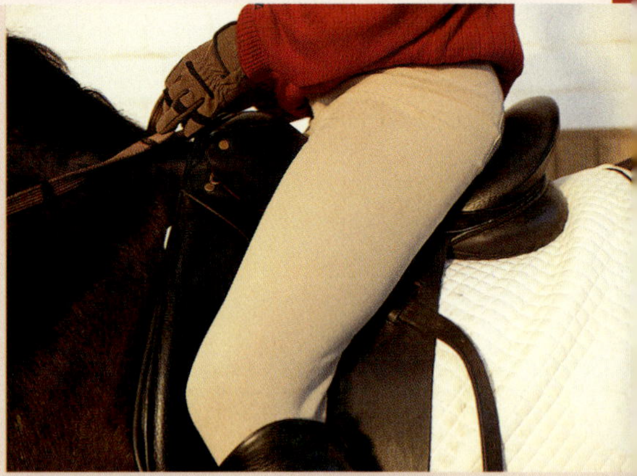

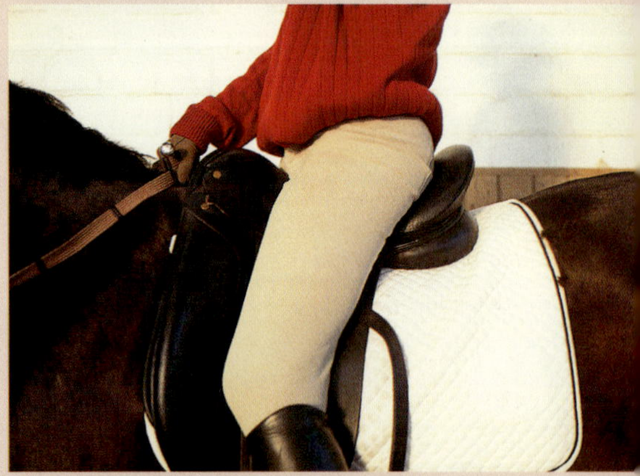

Übung „Den Sattel spüren“

Konzentrieren Sie sich zunächst nur auf den Druck, der zwischen dem Sattel und Ihrem Körper entsteht. Dann kneifen Sie das Gesäß fest zusammen, halten es einen Moment und lassen die Muskeln wieder los. Wenn Sie mögen, unterstützen Sie das Loslassen, indem Sie gleichzeitig ausatmen. Dann wechseln Sie ein paar Male zwischen Anspannen und Entspannen hin und her. Wie ändert sich Ihr Kontakt zum Sattel?

Manchmal bewirkt diese Übung alleine noch gar nichts, deshalb hier gleich eine weitere:

Übung „Beine anspannen“

Ziehen Sie Ihre Knie leicht hoch und spannen die Oberschenkel so stark wie möglich an. Dann lassen Sie auch hier die Muskeln mit dem Ausatmen los. Wiederholen Sie diese Übung zwei bis drei Male.

Übung „Bekanntschaft mit den Sitzbeinhöckern"

Sitzen Sie möglichst entspannt auf Ihrem Pferd (wir erinnern uns: im Sattel stehen), lassen die Beine rechts und links herunterbaumeln und atmen ganz normal weiter. Jetzt ziehen Sie leicht den Bauch ein, lassen ihn wieder los – und ziehen ihn wieder ein, diesmal vor allem den unteren Bauch (vom Bauchnabel an abwärts). Wieder loslassen. Beim nächsten Einziehen machen Sie dem Bauch nach hinten etwas Platz, indem Sie ihm mit dem Kreuz ausweichen. Wieder loslassen, das Kreuz folgt nach vorne. Die gesamte Gesäßmuskulatur bleibt dabei locker, bewegt sich nur so viel, dass sie die Vorwärts-rückwärts-Bewegung nicht blockiert.

Sobald sich die Vorwärts-rückwärts-Bewegung spielerisch leicht anfühlt, spüren Sie zu den kleinen Kufen, den Sitzbeinhöckern, hin. Wiegen Sie sich ganz leicht darauf hin und her.

Diese Übung können Sie auch auf Stuhl- und Tischkanten ausprobieren. Achten Sie vor allem darauf, dass Ihre Beine locker bleiben!

Die Bekanntschaft mit diesem Teil Ihres Körpers sollten Sie vertiefen. Dann merken Sie schnell, dass Sie hauptsächlich vor und zurück, in gewissem Maß jedoch auch in alle anderen Richtungen schaukeln können – und je beweglicher Sie dort werden, desto leichter werden Sie sich in die Bewegungen des Pferdes einschmiegen. Dieses Schaukeln auf den kleinen Kufen, das Balancieren auf den beiden Sitzbeinhöckern, birgt den Schlüssel zum losgelassenen Gleichgewichtssitz.

Allerdings ist die Beweglichkeit des Becken ziemlich störanfällig:

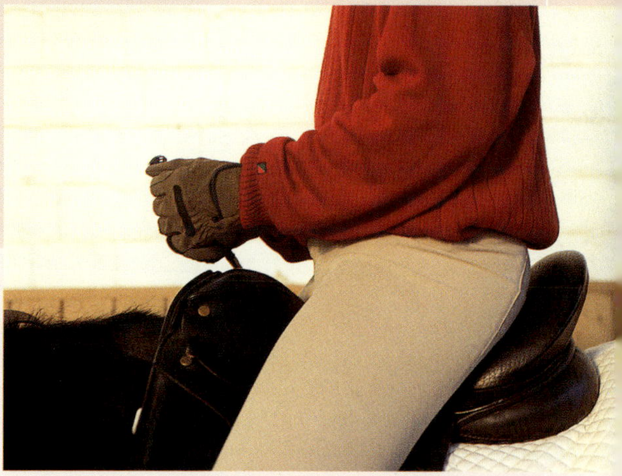

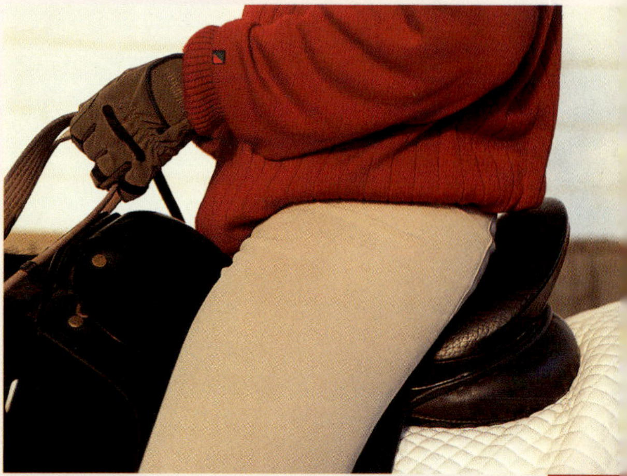

So kann man die Sitzbeinhöcker kennenlernen: Sitzt man auf den vorderen Kufenenden, bedeutet das Entlastung für den Pferderücken, danach geht es über die Mitte hin auf die hinteren Kufenenden, dies bedeutet Belastung für den Pferderücken.

Schritt 1: Probieren Sie einmal extreme Haltungen aus.

Übung „Aushebeln der Sitzbeinhöcker"

Konzentrieren Sie sich darauf, auf den kleinen Kufen vor- und zurückzuschaukeln und

- *kneifen Sie die Gesäßmuskulatur zusammen – oder*
- *machen Sie ein Hohlkreuz – oder*
- *klammern die Beine an – oder*
- *pressen die Lippen zusammen.*

Welchen Einfluss hat das auf Ihre Beweglichkeit?

Der Rücken

Am Hohlkreuz haben wir es erlebt: Die Haltung des Rückens beeinflusst unsere bewegliche Basis. Nun heißt es, wir sollen „gerade sitzen". Doch was ist eigentlich „gerade"? Zu dieser Frage gibt es störende Bilder (oft assoziiert mit „stramm", die Folge: ein Hohlkreuz) und Vorstellungen (viele Menschen stehen nicht im Lot, sondern etwas davor oder dahinter, erleben sich aber als „gerade"). Deshalb nutzen Korrekturen von außen, wenn überhaupt, nur kurzfristig. Probieren Sie es selbst aus:

Übung „Aufrechte Haltung"

Beugen Sie den Oberkörper vor – fast bis auf den Pferdehals. Dann lehnen Sie sich zurück (Sie halten sich ja fest), so weit es geht. Bewegen Sie sich zwischen diesen beiden Positionen vor und zurück, machen die Bewegung immer kleiner. Irgendwo in der Mitte zwischen dem Fast-auf-dem-Pferdehals-Liegen und dem So-weit-zurücklehnen-wie-es-nur-geht wird sich ein Gefühl von „gerade" einstellen. Geben Sie sich damit noch nicht zufrieden: Testen Sie diese Senkrechte aus, verändern das Vor und Zurück nur noch minimal, prüfend, tastend – bis Sie das Gefühl bekommen, ganz genau im Gleichgewicht zwischen vorne und hinten, im Gleichgewicht der Bauch- und Rückenmuskelspannung zu sein.

Dieses Gefühl für „gerade" können Sie jederzeit abfragen. Je öfter Sie üben, desto selbstverständlicher werden Sie es wiederfinden.

Diese Übung lässt sich beliebig ausweiten: Jeder Mensch verfügt über eine objektivierbare Wahrnehmung für „gerade", „senkrecht", „Gleichgewicht" und Ähnliches. Wer sie trai-

Schritt 2: Zwischen den Extremen ...

... findet man die Mitte.

niert, findet mit der Haltung „sein Maß", orientiert sich an den eigenen, individuellen anatomischen und physiologischen Bedingungen.

Übung „Gerader Rücken"

Ähnlich wie bei der letzten Übung wechseln Sie nun zwischen Hohlkreuz und Katzenbuckel hin und her, reduzieren auch hier die Bewegungen, testen so lange, bis sich Ihr Rücken im Gleichgewicht zwischen vorn und hinten befindet.

Kathryn demonstriert die Endpunkte der Übung zwischen Hohlkreuz und Katzenbuckel.

Immer wieder klagen Reiter, besonders nach dem Unterricht, über Rückenschmerzen, die durch übermäßige Spannung ihrer Muskulatur verursacht werden. Mit dieser Übung können Sie lindern und vorbeugen. Sie lässt sich auch für das Gleichgewicht zwischen rechts und links nutzen: Kippen Sie einfach so weit es geht nach rechts – dann nach links – und fragen Sie wieder die Mitte ab.

Eli tariert ihren Kopf in der Senkrechten aus, dazu bildet sie mit ihren Zeigefingern eine vorgestellte Achse, auf der sie den Kopf bewegt.

Da wir gerade dabei sind, die Mitte auszutarieren, wenden wir uns – am anderen Ende der Wirbelsäule – dem Kopf zu: Auch mit ihm können Sie spielen – vor und zurück – in welcher Position wird der Kopf zum „i-Tüpfelchen" der Längsachse? Und wie hoch tragen Sie die Nase – das Kinn – den Blick? Suchen Sie auch dafür Ihr Maß, Ihr inneres Gleichgewicht.

Der Kopf ist mit seinen fünf bis sieben Kilogramm eine bedeutende Gewichtshilfe: Hängt er vornüber, zieht er das Gewicht des Reiters in Richtung Vorhand des Pferdes. Wird er aber frei getragen, unterstützt sein Gewicht den Schwerpunkt und erlaubt dem Reiter Übersicht und Weitblick – im übertragenen Sinn Konzentration und Präsenz.

Übung „Die Senkrechte erleben"

Sichern Sie die Zügel, damit sie nicht über den Pferdehals rutschen. Dann strecken Sie die Arme nach oben, legen beide Hände über Ihrem Kopf ineinander, bilden ein Dach, in das Sie bequem hineinschauen können. Halten Sie die Arme so nach vorne oben, dass Sie nur den Blick zu heben brauchen, um in die Hände zu schauen. (Wichtig: Schauen Sie in die Hände, nicht in das Reithallendach oder Ähnliches – da wird es einem leicht schwindelig!) Halten Sie diese Position für einige Momente und lösen sie durch ruhiges Kreisen mit beiden Armen auf. Sie können sofort zurückkehren, erneut das Dach bilden – und die Arme wieder kreisen lassen. Achten Sie darauf, wie groß Sie werden – ohne dass Sie Ihre Haltung wesentlich verändern müssten!

Bei dieser Übung können Sie die Senkrechte erleben.

Die Sitzfläche - die Beine

Neben den Sitzbeinhöckern ruht unser Gewicht gleichmäßig auf den Innenseiten der Oberschenkel – jedenfalls wenn diese bereit sind, es zu tragen. Klammern sie sich aber unwillkürlich ans Pferd, blockieren sie die Beweglichkeit des Beckens und scheren uns aus dem Sattel, statt uns dort sicher zu halten. Dieser Reflex lässt sich nur mit Geduld auflösen: Je vertrauter unser Organismus mit den Bewegungsabläufen auf dem Pferderücken wird, desto eher können wir unsere Beine entspannen.

Eine Sofortmaßnahme besteht darin, sich mit den Händen Halt zu suchen. Eine andere besteht darin, die Klemmmuskeln auszuschalten, indem man die Beine *in ihrer ganzen Länge*, aus der Hüfte heraus, behutsam einwärts dreht. Allerdings ist die Rumpfmuskulatur bei den meisten Menschen haltungsbedingt verkürzt, sodass diese Bewegung den Rücken zunächst ins Hohlkreuz zwingt.

Warnung

„Einwärtsdrehung contra Hohlkreuz"
Bitte achten Sie darauf, dass Ihr Rücken beweglich und die Sitzbeinhöcker deutlich spürbar bleiben! Drehen Sie die Beine anfangs ganz wenig einwärts, korrigieren nach, machen ein bisschen Gymnastik – und arbeiten sich mit der Zeit in die notwendige Dehnung hinein.

Die Sitzbeinhöcker, die Senkrechte, der Kopf, die Beine und die Haltung von Kopf bis Fuß und immer schön locker bleiben ... Damit Ihnen bei allem, was da zu beachten ist, der Spaß an der Sache nicht verloren geht, gibt es jetzt eine Übung, die uns daran erinnert, dass wir hauptsächlich zu unserem Vergnügen im Sattel sitzen:

Übung „Karikaturen"

Vergessen Sie für einen Moment alles, was Sie wissen – und freuen sich einfach daran, auf Ihrem Pferd zu sitzen und von ihm getragen zu werden. Dann ziehen Sie genüsslich Knie und Absätze hoch, setzen Sie aufs Pferd, wie Sie's sonst nie dürfen. Den Kopf? – Lassen Sie ihn doch hängen. Und Hohlkreuz? Wie sind die Reiter früher über die Hindernisse geritten? Machen Sie's nach! Oder setzen Sie sich einmal richtig eklig-streberhaft aufs Pferd. Oder spielen Sie den Ängstlichen.

Überziehen Sie in jeder Richtung (Ähnlichkeiten mit lebenden Personen sind rein zufällig!). Lassen Sie Ihrer Phantasie freien Lauf, probieren alles aus.

Danach dürfen Sie entspannen und wieder Sie selbst sein – wie geht es Ihnen dabei?

Karikaturen – denken wir daran: Reiten macht Spaß!

Reden mit dem Pferderücken – Bewegungsgefühl

Der Schritt

Nachdem wir uns mit den körperlichen Bedingungen beschäftigt haben, in uns hineingespürt und ausprobiert haben, wenden wir uns der Begegnung mit dem Pferderücken zu und befassen uns mit dem Austausch, dem Dialog zwischen Pferd und Reiter.

Übung
„Was passiert unter dem Sattel?"
Lassen Sie Ihr Pferd am hingegebenen Zügel ein paar Runden im Schritt gehen, setzen sich entspannt zurecht – und vergessen Sie diesmal alles, was Sie über die Fußfolge gelernt haben.

- *Was spüren Sie unter dem Sattel?*
- *Wie würden Sie das einem Kind beschreiben?*
- *Gibt es dazu ein Bild?*
- *Gibt es Unterschiede zwischen rechts und links?*

Manche Reiter beschreiben die Bewegung als „Welle", die rechts und links anrollt, andere benutzen das Bild von einem Rad oder von Berg und Tal. Jeder hat sein persönliches Bild. Auch wenn ich jetzt die „Welle" benutze – setzen Sie Ihren eigenen Begriff dafür ein.

Übung
„Spiel mit dem Pferderücken"
Als Nächstes spielen Sie mit der Bewegung, die von unten zu Ihnen dringt: Versuchen Sie, der anrollenden Welle Platz zu machen, einmal rechts, einmal links, lassen Ihre Hüften kleine Kreise beschreiben, erst in einer Richtung, dann in der anderen.

Die Anweisung, sich „tiefer in den Sattel" zu setzen, bedeutet nicht, sich da hineinzuquetschen und beide Gesäßhälften möglichst fest am Sattel zu halten. Dabei können Sie beobachten, dass das Becken fest wird, die Beine verspannen – und jedes Gefühl für den Pferderücken verschwindet. Das Geheimnis des „tiefen Sitzes" lösen Sie, sobald Sie in den Bewegungsrhythmus des Pferdes eintauchen.

Wie bekommen wir unser Becken so beweglich, dass es mit dem Pferderücken mitschwingt? Joni Bentley bietet dafür ein schönes Bild an:

Übung „Mit Entenfüßchen reiten"
Stellen Sie sich vor, Ihre beiden Sitzbeinhöcker wären nicht nur kleine Kufen, sondern breite Entenfüßchen, die rechts und links auf dem Sattel stehen. Probieren Sie, damit auf dem Pferderücken zu tanzen.

Wollen Sie mit diesem Bild noch einen Schritt weitergehen?

Übung
„Entenfüßchen im Rhythmus"
Stellen Sie sich vor, Sie treten mit Ihren Entenfüßchen die Pedale eines Fahrrades, im Rhythmus der Bewegung des Pferderückens. Welche Vorstellung passt besser zu der Bewegung von unten: vorwärts oder rückwärts zu treten?

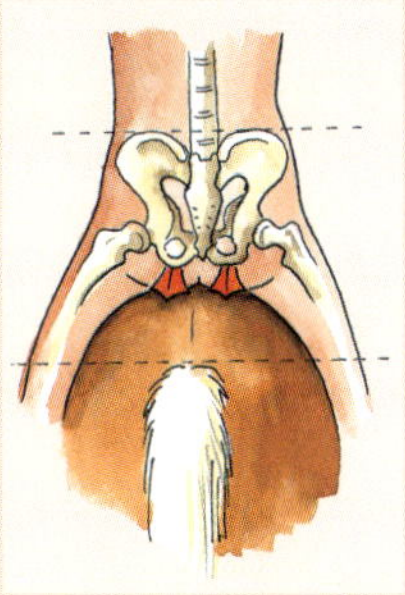

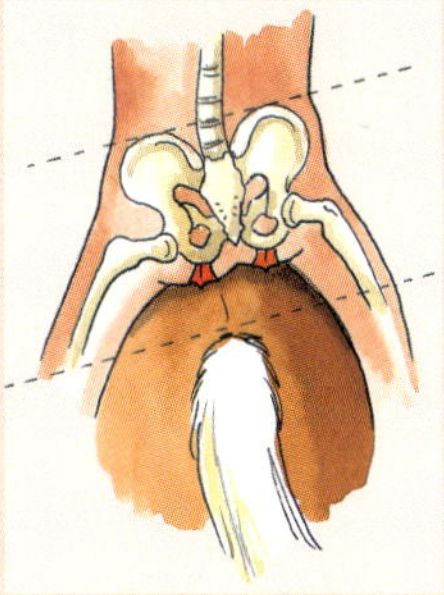

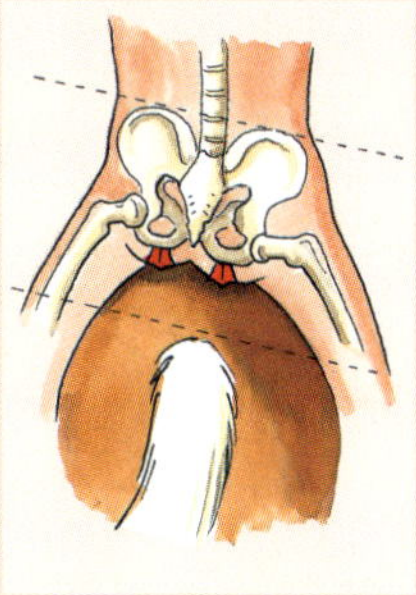

Stellen Sie sich vor, Sie reiten mit Entenfüßchen.

Übung „Pferderücken und Entenfüßchen im Dialog"

Wenn Sie den Rhythmus des Pferderückens aufgenommen haben, treten Sie Ihre Pedale ganz behutsam langsamer – nur einen Tick langsamer als der Rhythmus des Pferderückens – und dann noch einen Tick. Bekommen Sie vom Pferd eine Antwort? Ändert sich dessen Tempo?

Während dieser Übungen haben wir uns nicht um die Beine gekümmert, höchste Zeit, es endlich zu tun:

Übung

„Was passiert mit den Beinen?"

Spüren Sie wieder genau hin: Wie verhalten sich Ihre Beine, während Sie mit „den Entenfüßchen Fahrrad fahren"? Hängen die einfach herunter? Ändert sich deren Lage? Wie ist der Kontakt der Reiterbeine zum Pferdeleib?

Wenn man den Rhythmus einmal gespürt hat, findet man ihn auch in den Beinen wieder, man muss nur hinspüren und darf sich nicht durch Berechnungen der Fußfolge herausanalysieren. Genau: Immer dann, wenn ein Entenfüßchen dem Pferderücken nach oben ausweicht, senkt sich das andere – und das daran hängende Reiterbein wird ganz leicht an den Pferdebauch gezogen. Einmal rechts, einmal links. Die Fachliteratur beschreibt das als „wechselseitiges Treiben", viel aussagekräftiger scheint mir das Bild des „mitatmenden Schenkels".

Stefanie übertreibt für die Photografin – ihr Pferd reagiert etwas irritiert. Man kann erkennen, wie das Reiterbein mit dem vorschwingenden Pferdehinterbein an den Pferdebauch fällt.

Übung „Der mitatmende Schenkel"
Zur Entspannung gibt es jetzt eine Bodenübung: Steigen Sie vom Pferd, lassen die Steigbügel hängen und bitten Sie jemanden, das Pferd ganz gerade von Ihnen wegzuführen. Sie bleiben hinter dem Pferd stehen und können von hier aus gut beobachten, wie die Steigbügel mit jedem Schritt an den Pferdeleib pendeln. Genau dies ist die Dynamik Ihrer Beine.

Wenn es Ihnen gelingt, die Beine so an den Pferdebauch heranschwingen zu fühlen, wie Sie es gerade vom Boden aus beobachten konnten, befinden Sie sich auf einem guten Weg zum losgelassenen Sitz. Dies ist übrigens gemeint, wenn es heißt, „das Pferd holt sich seine treibenden Hilfen selbst ab". Haben Sie gesehen, dass der Steigbügel genau dann zum Bauch hinschwingt, wenn das gleichseitige Hinterbein abhebt?

Und da wir gerade mit dem Pferderücken reden: Beobachten Sie auch die Ohren Ihres Pferdes, während Sie mit den Beinen die Bewegung mitatmen. Um es noch deutlicher zu machen, drücken Sie jeweils mit dem Bein, das gerade ans Pferd kommt, leicht (!) gegen den Pferdebauch. Ja genau: Das Pferd richtet das gleichseitige Ohr zu Ihnen. Manchmal zuckt nur die Ohrspitze, so als ob das Pferd nicht richtig gehört hätte. Manchmal – besonders wenn alles gerade schön gemütlich läuft – kann man beobachten, wie es sich bemüht, den Impuls zu ignorieren. In dem Fall dürfen Sie ruhig etwas mehr drücken! – Und das ist ein eindrucksvolles Bild. Wir können über den Körper mit dem Pferd „reden" – und es hört sogar jemand zu!

Bisher haben wir unsere Übungen nur im Schritt gemacht – und hatten Zeit zum Fühlen und Nachsinnen. Bevor wir die Erfahrungen auf Trab und Galopp übertragen, legen wir einen kurzen Zwischenstopp ein und geben dem Verstand und seinem Bedürfnis nach Analysen etwas Futter.

Für die Verständigung zwischen Pferd und Reiter gilt: Die treibenden Hilfen kommen nur dann beim Pferd an, wenn es das Hinterbein gerade vom Boden abhebt. Doch woher weiß der Reiter, wann das passiert? Aus den vorangegangenen Übungen erhalten wir wertvolle Hinweise: Eine Muskelwelle entsteht, wenn das Pferd seinen Hinterfuß aufsetzt, und flaut ab, wenn es ihn wieder anhebt. Dies ist genau der Moment, in dem das Reiterbein an den Pferdebauch gezogen wird. Der kleine Druck, der durch den Kontakt entsteht (oder auch gezielt verstärkt wird), gibt dem abfußenden Hinterbein den Vorwärtsimpuls.

Solche Zusammenhänge sind die Grundlage für einen Dialog der Bewegung zwischen Reiter und Pferd, der immer feiner werden kann.

Der Trab

Hat uns das Bild „im Sattel zu stehen" auf dem stehenden Pferd zu einer angemessenen Haltung verholfen, wäre es konsequent, den Sitz in der Bewegung ebenfalls mit Bildern der Bewegung zu vergleichen – dem Gehen, Laufen und Hüpfen. Tatsächlich bestehen zwischen dem Reiten und dem Gehen, also der Fortbewegung ohne Pferd, große Ähnlichkeiten.

Die Rückenbewegungen, die wir vom Schritt kennen, werden Sie im Trab wiederfinden. Allerdings schiebt, ja „stößt" der Pferderücken seinen Reiter jetzt von unten – und das gibt ein ordentliches Gerüttel. Sicherheit und Lockerheit müssen neu erobert werden.

Mit der Vorstellung von „Stehen und Hinsetzen" werden die Bewegungen der Reiterin zu groß und sie kommt hinter die Bewegung ihres Pferdes.

Im Prinzip helfen alle Übungen, die Sie vom Schritt kennen. Doch zuerst müssen Sie die Wirbelsäule entlasten: Halten Sie sich fest, lassen Ihr Kreuz los – und probieren dann, ob Sie den gemeinsamen Rhythmus mit dem Pferderücken finden. Lassen Sie sich ruhig etwas werfen und versuchen, mit den „Entenfüßchen" auf dem Pferderücken zu tanzen: rechts – links – rechts – links. Im Vergleich mit dem Schritt sind die „Tanzschritte" im Trab nur noch ganz klein.

Das Leichttraben

Doch bevor Ihr Rücken völlig verspannt, nehmen Sie das Leichttraben zu Hilfe: Beim Leichttraben bewegen Sie sich mit dem Pferderückens: nicht rechts – links, sondern aufwärts – abwärts. Die Aufwärtsbewegung wird leicht zu groß, der Reiter gerät dadurch zunehmend hinter die Bewegung – und aus dem Dialog mit seinem Pferd –, deshalb hier einer weitere Übung:

Übung „Leichttraben im Dialog"

Am besten vergessen Sie die Vorstellung vom „Aufstehen" und „Hinsetzen". Konzentrieren Sie die Bewegung auf Ihr Becken und versuchen Sie, nahe am Sattel zu bleiben. Und dann gilt es, das passive Geworfenwerden zu einer aktiven Bewegung zu wandeln: Probieren Sie mit der Vorstellung voranzugehen, im Hochkommen bereits die Abwärtsbewegung zu denken, im Herunterkommen die Aufwärtsbewegung vorauszunehmen.

Mit der Vorstellung von „Ent-und Belastung" bleibt die Reiterin in der Bewegung und im Kontakt mit ihrem Pferd.

Ach ja, zum Leichttraben sollten Sie auf alle Fälle die Steigbügel aufnehmen, sonst werden die Übungen zum Kraftakt! Für die Übungen, die ich Ihnen bisher angeboten habe, ist es eine Geschmacksfrage, ob Sie lieber mit oder ohne Steigbügel reiten. Einerseits geben die Steigbügel einen Halt und damit das Gefühl von Sicherheit. Andererseits besteht die Gefahr, sich in die Steigbügel zu stellen, sich mit den Beinen festzuhalten. Wenn die Beine nicht entspannen, werden auch gut verschnallte Bügel relativ zu lang, dann hangelt der Reiter nach ihnen und verliert den Kontakt zu den Sitzbeinhöckern.

Andererseits sollte die Rolle der Steigbügel nicht überschätzt werden: Sie geben dem Fuß eine **leichte** Unterstützung. Den eigentlichen Halt finden Sie im Kontakt von Knie und Wade mit dem Pferdeleib beziehungsweise dem Sattelblatt. Der Oberkörper darf sich beim Leichttraben leicht nach vorne neigen – und solange dieser Sitz noch nicht sicher beherrscht wird, darf sich der Reiter mit der Hand am Pferdehals abstützen.

Sie werden das Gleichgewicht übrigens leichter finden, wenn Sie Ihren Blick in die Weite schicken, auf den Weg, der vor Ihnen liegt. Manche Reiter kontrollieren die Trabbewegung, indem sie auf die Pferdeschulter starren, haben gelernt: „Steh auf, wenn die äußere Pferdeschulter vorschwingt." Der Satz ist zwar nicht falsch, aber äußerst hinderlich. Er verstärkt unsere Tendenz, mit den Augen zu kontrollieren, festzuhalten und nur dem zu trauen, was wir überblicken können. Wir entfernen uns damit aber von unserem Körpergefühl und verlieren den Kontakt zu den Hinterbeinen des Pferdes. „Reite dein Pferd vorwärts und richte es gerade", dieser Satz Gustav Steinbrechts ist nur im Kontakt mit den Hinterbeinen des Pferdes zu bewältigen. Hier eine Übung, mit der Sie Ihr Körpergefühl aktivieren und diesen Kontakt aufnehmen lernen:

Übung

„Leichttraben auf dem Hinterfuß"

Lassen Sie Ihr Pferd von jemandem an die Longe nehmen, halten Sie sich mit den Händen am Sattel fest. Wenn Sie können, schließen Sie die Augen. Ansonsten bestimmen Sie Fixpunkte (Lampen, Pfeiler, Bäume), an denen sich Ihr Blick „entlanghangeln" kann. „Richtig" und „falsch" verlieren ab sofort jede Bedeutung, es zählt nur noch der gemeinsame Schwung mit dem Pferd – und wie sich Ihr Körper dabei anfühlt.

Der Longenführer lässt Ihr Pferd antraben, Sie traben leicht. Nach einigen Tritten sitzen Sie um: Was ist jetzt anders? Gleichen Sie das Gefühl in Ihrem Körper mit dem des ersten Leichttrabens ab. Nach einigen weiteren Tritten sitzen Sie wieder um: Fühlt sich das genauso an wie die ersten Tritte? Ist es anders?

Dann sitzen Sie erneut um: Welche Bewegung ist leichter – die erste oder die zweite?

Wechseln Sie nun etwas schneller, jeweils nach drei bis vier Tritten. Versuchen Sie eine Kurzfassung des Gefühles in Ihrem Körper, zum Beispiel: „Was fühlt sich leichter an?" Spielen Sie mit Ihrem Gewicht: Welchen Einfluss hat es auf das leichtere Gefühl des Leichttrabens, wenn Sie Ihr Gewicht nach innen, zur Zirkelmitte verlagern – und welchen, wenn Sie es nach außen verlegen? Und erst jetzt, wenn Sie mit Ihren Wahrnehmungen vertraut sind, erbitten Sie die Rückmeldung, wann der innere Hinterfuß vorschwingt.

Diese Übung sollten Sie auf der rechten und auf der linken Hand durchführen. Sie entwickeln damit einen Maßstab für die richtige Bewegung und brauchen sich bald nicht mehr die Reitkorrektur „Falscher Fuß!" anzuhören.

Die nächste Übung zum Leichttraben hat sich sehr bewährt, wenn

- sich gestörte Bewegungen eingeschlichen haben (zum Beispiel zu hohes Aufstehen, zu schweres Einsitzen)
- ein sehr mechanisches Auf und Ab nicht in den Rhythmus des Pferderückens findet
- der Reiter meint, sein Pferd im Leichttraben nicht so gut lenken zu können
- in einigen Fällen ein Pferd sich im Leichttraben nur schwer lösen lässt

Sie können sie an der Longe, beim selbstständigen Reiten und auf jedem Waldweg ausprobieren:

Übung „Musterunterbrechung"

Normalerweise stehen Sie im Verhältnis eins zu eins auf beziehungsweise setzen sich. Spielen Sie jetzt mit dem Rhythmus, sitzen einen Tritt, bleiben für zwei stehen, danach umgekehrt: zwei sitzen, einen stehen.
Schwieriger wird es, wenn Sie dreimal sitzen und zweimal stehen – oder gar zwei zu fünf oder vier zu drei. Probieren Sie alles aus, was Ihnen einfällt!

Mit dieser Übung können Sie eingefahrene Muster aushebeln, Ihren Sitz im Leichttraben verbessern, den Kontakt von Knie, Wade und Pferdebauch trainieren und müssen sich sehr konzentrieren – da lässt es sich leichter loslassen.

Die Pferde reagieren zuerst überrascht, spüren dann die Erleichterung und „spielen" bereitwillig mit, bieten ihren Rücken regelrecht zum Üben an.

Das Aussitzen

Genauso spielerisch können Sie auch das Aussitzen im Trab entwickeln:

Übung

„Aussitzen lernen"

Aus dem Leichttraben bleiben Sie für zwei, drei Tritte sitzen, traben wieder leicht, bleiben sitzen – aber nur so lange, wie Sie locker bleiben können. Bevor Festhaltereflexe einsetzen, bevor der Rücken steif wird, bevor Schmerzen eintreten, wechseln Sie wieder zum Leichttraben. Achten Sie darauf, dass Ihr Rücken elastisch, Ihre Beine geschmeidig bleiben! Halten Sie sich mit den Händen fest. Wenn Sie das nächste Mal sitzen bleiben, denken Sie an Ihre „Entenfüßchen" und tanzen damit auf den „Wellen" des Pferderückens, lassen sich zwei, drei Tritte werfen, suchen den Rhythmus, traben wieder leicht. Bleiben Sie freundlich mit sich und dem Pferd!

Ja, die „geschmeidigen Beine" – einerseits sollen sie locker bleiben, sollen „mitatmen", andererseits sollen sie sicheren Halt geben, gelegentlich Druck aufbauen. Das geht nur, wenn wir uns klar machen, dass wir für verschiedene Aufgaben verschiedene Muskeln einsetzen, einzelne Muskelgruppen anspannen, andere entspannen – im Gegensatz zum „klemmenden Bein", bei dem vor allem die Beugemuskeln angespannt und zum Festhalten eingesetzt werden. Statt einer Anatomielektion biete ich Ihnen folgende Übung an:

Durch wechselseitiges Anziehen der Knie und Oberschenkel erreicht man das „Mitlaufen im Trab".

Übung
„Das geschmeidige Bein"
Beginnen Sie den Trab mit Leichttraben, kommen dann zum Aussitzen, denken an Ihren elastischen Rücken und beginnen, mit beiden Beinen im Takt des Pferderückens zu „laufen", Oberschenkel und Knie aktiv anzuziehen, sobald sich der Pferderücken darunter hebt: rechts – links – rechts – links. Wenn Sie den Takt halten wollen, müssen die Bewegungen klein und schnell werden. Sobald Sie den Rhythmus und Ihr Gleichgewicht gefunden haben, machen Sie die Bewegungen des Laufens kleiner, lassen die Beine immer ruhiger werden, bis von außen keine Bewegung mehr zu erkennen ist. Schließlich denken Sie den Impuls zum Mitlaufen nur noch!

Der Galopp

Der Galopp erlaubt dem Pferd sein maximales Tempo, für den Reiter mögen sich Bilder von Freiheit, von Stoppelfeldern, von Pirouetten und fliegenden Wechseln, aber auch von durchgehenden Pferden damit verbinden. Eigentlich ist der Galopp eine „Sprungart", da sich ein Sprung an den anderen reiht. Auch der Reiter müsste sein „Stehen" und „Laufen" durch das Bild des „Hüpfens" ersetzen.

Unter dem Sattel scheint nur noch auf einer Seite ein großes Rad zu rollen (auch hier: Finden Sie Ihr eigenes Bild dafür und setzen es sinngemäß ein!). Spüren Sie diese große Bewegung auf der rechten Seite, sind Sie im Rechtsgalopp. Verlagern Sie Ihr Gewicht ein wenig nach rechts, Sie werden die Bewegung noch deutlicher erleben. Scheint das Rad auf der linken Seite zu rollen, befinden Sie sich im Linksgalopp, und Sie verlagern Ihr Gewicht ein wenig nach links.

Übung „Sitzen im Galopp"
Lassen Sie sich wieder einmal an die Longe nehmen. Sie sollten sich auch wieder festhalten, diesmal aber mit einer Besonderheit: Die äußere Hand greift vorne, die innere hinten am Sattel. Können Sie jetzt Ihre Sitzbeinhöcker, die „Entenfüßchen", noch spüren"? Wenn nicht, dann schieben Sie die innere Hüfte leicht nach vorn, sodass Sie ein wenig gedreht auf dem Pferd sitzen. Diese Drehung bringt Sie in eine gleichsinnige Haltung zum Pferd und hilft, in der Bewegung zu bleiben. Dann lässt der Longenführer Ihr Pferd angaloppieren. Konzentrieren Sie sich nur auf die rollende Bewegung unter dem Sattel. Achten Sie darauf, dass Ihr Rücken

Im Galopp folgt der Reiter dem Pferderücken, indem er seine Hüfte mit dessen Schwung kreisen lässt.

elastisch bleibt, und tanzen Sie mit den „Entenfüßchen" auf der Bewegung. Probieren Sie auch, Ihr Gewicht nach außen zu verlagern, den Oberkörper nach vorne beziehungsweise nach hinten, nach rechts und nach links aus der Bewegung zu lehnen. – Was passiert dabei mit den Armen und Beinen? Wie viel Kraft brauchen Sie zum Festhalten?

Und während wir die Bewegung mit dem Gesäß erfühlt haben, stellen wir wieder die Frage: „Was passiert mit den Beinen?"

Übung „Reiterbeine im Galopp"

Wiederholen Sie die letzte Übung, achten jetzt auf Ihre Beine: Wie werden die bewegt? Lassen Sie das innere Bein in seiner ganzen Länge der Bewegung folgen. Auch diese äußere Bewegung werden Sie als Nächstes minimieren, schließlich nur noch den gedanklichen Impuls an die Muskulatur schicken. Das anschmiegsame Bein wird, während es dem „Rad" zum tiefsten Punkt folgt, an den Pferdebauch gezogen. Achten Sie auf das äußere Bein: Es legt sich, wenn es darf und nicht klammern muss, ganz von allein an den Pferderumpf und wirkt dort als Begrenzung.

Um diese Übungsserie abzuschließen und Ihr Gefühl für die Galoppbewegung zu stärken, gibt es hier eine weitere Aufgabe. Und zwar eine, die Sie in jeder Lebenslage ausführen können, an der Longe, im selbstständigen Reiten in der Halle oder im Gelände.

Übung „Mit dem galoppierenden Pferderücken reden"

Achten Sie auf dem galoppierenden Pferd auf Ihren elastischen Rücken, das einseitig mitkreisende Becken, das gleichsinnig arbeitende Bein und beginnen dann, Ihre Bewegung ganz behutsam zu verlangsamen. Es kann sein, dass das Bein ein wenig deutlicher gegen den Pferdebauch drücken muss (aber wirklich nur wenig!). Können Sie noch langsamer kreisen? Und folgt der Pferderücken Ihrer Bewegung? Dann kreisen Sie etwas schneller – wie reagiert das Pferd?

Feine Hilfen – den Sitz einsetzen

Das Thema „Hilfengebung" möchte ich mit einem typischen Beispiel aus meiner Praxis einführen:

Eine Reiterin hat sich angemeldet, weil ihr Pferd so schwer vorwärts geht. Tierärztlich wurde es untersucht und sei völlig gesund. Auch das Anpassen eines neuen Sattels hatte keine Besserung bewirkt. Die Reiterin hatte viele Longenstunden mit Sitzübungen verbracht. Jetzt reitet sie – in der fremden Umgebung ein bisschen angespannt, aber insgesamt angenehm anzusehen – ihr Pferd am hingegebenen Zügel. Sobald ich sie bitte, die Zügel aufzunehmen, ändert sich das Bild dramatisch, lässt sich etwa mit den Worten zusammenfassen: „Die schöne Gelassenheit ist dahin – jetzt wird gearbeitet."

Diese Reiterin muss lernen, dass „richtig sitzen" kein Entweder-oder, kein abgetrenntes Thema für sich darstellt, sondern die Frage des richtigen Verhältnisses zwischen Entspannung, Lauschen, Reagieren und Fühlen einerseits und Anspannung, Nutzen von Bewegungsinformation, Setzen von Impulsen und Führen andererseits ist. Ihre erste Lektion besteht darin, zu lernen, ihr Becken in Bewegung zu bringen. Sie muss so zu sitzen lernen, dass ihr Sitz zu einer Vorwärtshilfe für ihr Pferd wird.

Die Wellenbewegung unter dem Sattel ist ja nichts anderes als die Rückenmuskulatur des Pferdes, die sich abwechselnd rechts und links zusammenzieht. Sitzt der Reiter unbeweglich, dann arbeitet sein Gewicht gegen den Muskel und das Pferd hat es schwer, seine Beine zu bewegen. Bewegt der Reiter dagegen sein Becken, schafft er dem Muskel Platz, wird leicht für sein Pferd. Zusammen mit dem mitatmenden Schenkel wird die Vorwärtsbewegung des Pferdes – einmal in Gang gesetzt – wie von selbst unterhalten. So wird der Sitz des Reiters zur Hilfe für sein Pferd. In den folgenden Übungen bekommen Sie Hinweise, wie Sie sich „richtig einsetzen" und ein Verhältnis von Sitzen und Einwirken erarbeiten können.

Die Gewichtshilfen

Eins steht fest: Das Körpergewicht des Reiters ändert sich in einer Stunde nicht wesentlich, das heißt, man kann weder „sich schwer machen" noch „sich leicht machen". Aber man kann es dem Pferd schwerer oder leichter machen. Und man kann sein Gewicht auf der Sitzfläche unterschiedlich verteilen.

Grundsätzlich gilt: Bei der dressurmäßigen Gewichtsverlagerung behält der Reiter unter allen Umständen seinen Platz und das Gefühl für seine senkrechte Körperhaltung.

Warnung

„Unbeabsichtigte Gewichtsverlagerung"
Bleiben Sie bei der Gewichtsverlagerung unbedingt „bei sich", in Ihrem Schwerpunkt! Vermieden werden muss:

- sich in die Kurve zu legen
- in der Hüfte einzuknicken
- den Oberkörper zur Seite zu kippen
- sich auf eine Seite des Sattels zu hängen oder dort zu balancieren

Die häufigsten Gewichtsfehler: Eli legt sich in die Kurve und Ute demonstriert das Einknicken in der Hüfte.

Abgesehen davon, dass die fehlerhafte Gewichtsverlagerung immer ein bisschen komisch aussieht und den Reiter aus dem Gleichgewicht bringt (der sich dann festhalten muss), bekommt das Pferd dabei unerwünschte, zum Teil gegensätzliche Impulse. Die folgende Übung eignet sich für den Gymnastikball ebenso wie für den Sattel:

Übung „Gewichtsverlagerung"

Legen Sie beide Hände unter Ihr Gesäß und prüfen Sie, ob Ihr Gewicht beidseits gleichmäßig verteilt ist. Dann bewegen Sie den Oberkörper, so gut es geht, knicken in der Hüfte ein, kippen nach einer Seite, legen sich in eine imaginäre Kurve, rutschen zur Seite. Wie ändert sich der Druck auf Ihren Händen? Können Sie jeweils beide Sitzbeinhöcker spüren? Verschiebt sich das Gewicht unter Umständen zur anderen Seite?

Für die korrekte Gewichtsverlagerung benutzt Dominique Barbier das Bild eines kleinen Hundes, der mit seinen vier Pfoten auf einem Ball balanciert (die vier Pfoten stehen jeweils für die vorderen und hinteren Enden der beiden Sitzbeinhöckerkufen).

Eckart Meyners regt an, sich das Zifferblatt einer Uhr auf die Sitzfläche gemalt vorzustellen und das Gewicht wie einen Zeiger zu lenken: nach hinten auf die „6", nach vorne auf die „12", nach rechts zur „3", nach links zur „9". Denken Sie bitte auch bei diesem Bild daran, dass die Sitzbeinhöcker etwa zehn Zentimeter auseinander liegen und jeweils vier bis fünf Zentimeter lang sind. Die Basis der Kreisbewegung ist also sehr klein und Veränderungen spielen sich in der Größenordnung von wenigen Zentimetern ab!

Mit welchem Bild Sie auch arbeiten, Sie müssen sich klar machen, dass der Druck, den Sie auf einer Seite entlasten, die Gegenseite belastet. In der Bewegung zu sitzen bedeutet, das Becken so zu bewegen, dass Sie jeweils den Muskel, der sich zusammenzieht (Wellenberg), entlasten. Gleichzeitig kippt Ihr Becken zur Gegenseite (ins Wellental) und

führt dort zu einer vermehrten Belastung. Die korrekte Bewegung des Beckens ist heute schwer zu vermitteln, weil die Bauchmuskulatur ihre Bedeutung in unserem Alltag verloren hat – und wie soll man Muskeln anspannen, von denen man nicht weiß, wo sie sitzen?

Wie stehen Sie, wenn Sie beim Einkauf an der Kasse warten müssen? Stehen Sie gleichmäßig auf beiden Beinen – oder entlasten Sie ein Bein? Da brauchen Sie Bauchmuskeln.

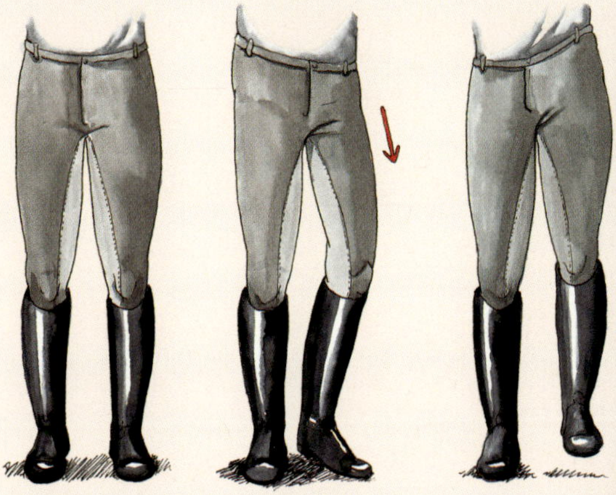

Eine gute Übung für die Beckenbeweglichkeit ist es, das Becken einseitig abzukippen und wieder aktiv anzuheben.

Übung

„Einseitige Gewichtsverlagerung"

Nutzen Sie Ihre nächste Warteschlange, stützen sich zum Beispiel am Einkaufswagen ab, stellen die Beine etwa schulterbreit auseinander, verteilen Ihr Gewicht gleichmäßig. Jetzt beugen Sie ganz leicht ein Knie, stellen es wieder auf. Achten Sie dabei auf die Bewegung, mit der Ihr Becken reagiert. Sie bekommen dabei eine Vorstellung, welche Muskeln gemeint sind. Dann drehen Sie diese Bewegung um. Das Becken wird jetzt nicht über das Knie fallen gelassen, sondern mit den Bauchmuskeln angehoben. Dasselbe machen Sie natürlich auch mit dem anderen Bein!

Wenn die Bewegung leicht und selbstverständlich geht, können Sie sie erweitern: Jetzt stehen Sie ohne Abstützung und heben das Becken nicht nur seitlich, sondern schräg nach oben und vorne. Loslassen, das hängende Bein abstellen. Machen Sie diese Bewegung ein paar Male hintereinander, dann mit der anderen Seite. Seien Sie zufrieden, wenn Sie eine Bewegung von einem Zentimeter erreichen! – Lieber eine kleine, saubere Bewegung als eine große, die hauptsächlich von der Hilfsmuskulatur ausgeführt wird (Rücken, Gesäß, Beine).

Im Sattel erinnern Sie sich dann wieder an die Muskeln, die Sie so kennen gelernt haben, und setzen sie entweder direkt ein – oder über das Bild vom „Fahrradfahren mit Entenfüßchen". Testen Sie mit dieser Körpererfahrung auch die Vorstellung des Zifferblattes und bewegen Ihren Schwerpunkt nun mit Hilfe der Bauchmuskulatur.

Für das Reiten von gebogenen Linien, Wendungen oder im Galopp reicht es nicht, nur wechselseitig zu be- und entlasten, da soll Ihr Gewicht vermehrt über einen Sitzbeinhöcker einwirken. Auch dazu behalten Sie Ihre Grundposition im Sattel. Für eine feine Gewichtshilfe wenden Sie lediglich Ihren Kopf in die Richtung, die Sie reiten wollen. Je enger die Kurve ist, die Sie reiten wollen, desto deutlicher nehmen Sie den ganzen Oberkörper mit in diese Wendung. Die äußere Schulter kommt leicht nach vorne, während die innere leicht nach hinten weist. Achten Sie dabei auf Ihre Sitzbeinhöcker! Ab einem bestimmten Punkt geht Ihnen wahrscheinlich ein Sitzbeinhöcker „verloren". Sie finden ihn wieder, indem Sie die innere

Beim korrekten Abwenden weist der Blick in die neue Richtung, der Körper nimmt den leichten Drehsitz ein.

Das Gewicht schaukelt nach hinten, der Oberkörper bleibt gerade.

Hüfte leicht nach vorne bringen. Mit diesem Drehsitz behalten Sie Ihren Platz ohne Verschieben, Rutschen oder Knicken.

Die beidseitige Gewichtshilfe haben wir im Kapitel Dynamischer Sitz – Gleichgewichtsgefühl" in der Übung „Bekanntschaft mit den Sitzbeinhöckern" vorbereitet. Mit den geraden Bauchmuskeln ziehen Sie Ihr Becken nun nicht abwechselnd schräg, sondern gleichzeitig nach vorne, oben und geraten dabei auf das hintere Ende der Sitzbeinhöcker (Achtung: Sie sind nur vier bis fünf Zentimeter lang!). Das ist die beidseits belastende Gewichtshilfe. Erika Prockl schlägt vor, man solle sich vorstellen, einen Reißverschluss vorne an der Hose freizunesteln, der sich am untersten Ende verklemmt habe.

Die Schenkelhilfen

Aus dem balancierten Sitz, mit dem inneren Bild „im Sattel zu stehen", ergibt sich die Lage der Beine von allein: Sie hängen zwanglos aus der Hüfte herab, die Unterschenkel berühren teilweise den Sattel, während sie nach unten frei hängen. Das Verhältnis von oberem zu unterem Bereich hängt vom Körperbau des Reiters und dem des Pferdes ab.

Das beidseitige Anliegen der Schenkel ist eine – wenn auch nicht extra benannte – wichtige Hilfe: Sie gibt dem Gespräch zwischen Reiter und Pferd einen Rahmen. Der konstante, ruhige Kontakt des Schenkels zeigt dem Pferd, ob der Reiter eine Absicht ausdrückt oder sich nur um sein Gleichgewicht bemüht.

Die Schenkel der Reiterin rahmen das Pferd ein.

Um die Ferse ans Pferd zu bekommen, muss das Knie angezogen und der Unterschenkel verdreht werden. Dadurch wird der Bewegungsfluss von Pferd und Reiter gestört.

Um hier Klarheit zu schaffen, gibt es wieder eine Übung:

Übung „Die Wade erkunden"

Setzen Sie sich, zum Beispiel beim nächsten Fernsehabend, gemütlich auf Sofa, Boden oder Stuhl und tasten Ihren Unterschenkel ab, vom Knie an abwärts. Wo genau tasten Sie harte, wo feste, wo weiche Strukturen? Welches sind Knochen, Sehnen, Muskeln? Lassen Sie den Fuß langsam kreisen und fühlen dabei nach der Wade: Wo und wie ändert sich der Muskel mit der Bewegung, wo sitzt die Muskelmasse und wohin weicht sie beim Anspannen aus? Mit welcher Bewegung bringen Sie den Wadenmuskel dazu, hervorzutreten – ähnlich dem Bizepsspiel am Arm? Und: Gelingt das auch fast ohne äußerlich wahrnehmbare Bewegungen?

Übung „Die Schenkel rahmen das Pferd ein"

Wiederholen Sie die Übungen aus dem Kapitel „Reden mit dem Pferderücken – Bewegungsgefühl" und testen Sie, wie das Pferd reagiert, wenn

- *die Beine beidseits ruhig anliegen*
- *die Beine weggestreckt werden*

Nun zu den treibenden Schenkelhilfen: Dazu gehören in erster Linie die in der Bewegung mitatmenden Beine des Reiters. Zum Anreiten, für ganze und halbe Paraden, für deutliche Mitteilungen an das Pferd brauchen wir etwas mehr Druck im Bein. Und jeder Reiter weiß: „Getrieben wird mit der Wade."

Wenn sie sich darauf einlassen, staunen Reiter immer wieder, wie hoch der Muskelbauch in Funktion tritt und wie weit er zur Seite (statt nach hinten) hervortritt: In der Regel kann er dort, wo er

Warnung

„Störendes Treiben"

Bei genauem Hinschauen scheint die Reiterwade gelegentlich aus dem Absatz und dessen Verlängerung, dem Sporen, zu bestehen. Weil beides aber beim natürlich herabhängenden Bein nicht am Pferd liegt, muss der Reiter, um es dort einzusetzen, das Knie hochziehen oder den Unterschenkel nach hinten klappen. Ein Andrücken aus dieser Haltung kommt bestenfalls einen Moment zu spät und unterbricht den Bewegungsfluss. Es überfällt das Pferd und stört seinen Takt.

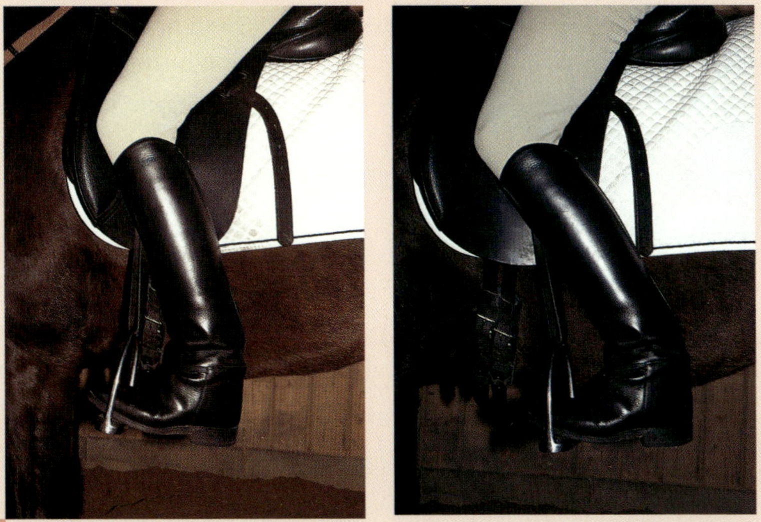

Der treibende Schenkel liegt „am Gurt", beziehungsweise unter dem Schwerpunkt des Reiters. Der verwahrende Schenkel liegt etwa eine Handbreit zurück.

sich im balancierten „Stehsitz" befindet, optimal und mit geringstem Aufwand eingesetzt werden.

Drückt eine Wade nun als treibender Impuls gegen den Pferdebauch, wird sich das Pferd zunächst nicht um diesen Schenkel biegen, sondern nach der anderen Seite auszuweichen versuchen: höchste Zeit, den verwahrenden Schenkel einzusetzen. Bewegt sich der Reiter innerhalb einer Abgrenzung (zum Beispiel Bande von Reithalle oder Außenplatz, Baumreihe am Reitweg), kann das Pferd hier nicht ausweichen. Mit zunehmender Ausbildung des Reiters übernimmt sein äußeres Bein die begrenzende Aufgabe: Es rutscht eine Handbreit nach hinten, wird zum verwahrenden Schenkel, sozusagen zu einer mobilen Bande, und gibt den äußeren Rahmen für die Bewegung vor.

Auch der vorwärts-seitwärts treibende Schenkel ist keine isolierte Aktion, sondern bekommt seine Funktion erst in enger Abstimmung mit dem verwahrenden Schenkel: Im Unterschied zum vorwärts treibenden Schenkel wird das Reiterbein etwas zurückgenommen. Aus dieser Position gibt der Wadendruck dem Pferd die Seitwärtsrichtung, die sofort vom verwahrenden Schenkel aufgefangen und in die Vorwärtsbewegung überführt wird: Das Pferd setzt seine Füße schräg nach vorne und überkreuzt die Gegenseite.

Die mentalen Hilfen

Wir können unser Pferd jetzt in jede beliebige Richtung dirigieren, indem wir unser Gewicht und unsere Beine einsetzen. Um unser Vertrauen in diese Fertigkeit zu festigen, müssen wir lernen, uns – im ursprünglichen Wortsinn – durchzusetzen. Es reicht nämlich nicht zu denken „mal sehen, was passiert" und den Kopf zu drehen. Oder den Drehsitz einzuleiten und zu überlegen, ob das Pferd wohl folgt beziehungsweise was man machen kann, wenn nicht ... Dabei kommen zaghafte und widersprüchliche Botschaften beim Pferd an. Und das reagiert sicherheitshalber erst einmal nicht.

„Durchsetzen" bedeutet hier keinen mehr oder weniger groben Impuls, sondern eröffnet das in der Reitlehre offiziell nicht vorhandene Kapitel der mentalen Hilfen. Durchsetzen bedeutet, dass sich der Reiter völlig mit seiner Absicht verbindet: Er entwirft ein Bild, zum Beispiel von der Kurve, die er reiten möchte, füllt sich ganz damit aus, wird selbst diese Kurve und spiegelt das Bild mit seinem beweglichen, ausbalancierten Körper. Er will diese Kurve.

Wenn Sie daran üben wollen, ist es wichtig, dass Sie alles ausschalten, was stören könnte: Seien Sie freundlich zu sich und dem Pferd. Nehmen Sie sich vor, auf die Kurve abzuwenden, egal wo, an welcher Stelle es dann gelingt, zunächst zählt nur, dass es gelingt.

Übung „Bahnfiguren ohne Zügel"
Sichern Sie zuerst die Zügel, damit die nicht über den Pferdehals rutschen können. Wollen Sie die Zügel in der Hand behalten, fassen Sie in die Schnalle und greifen damit in die Sattelkammer oder das „Panikriemchen".

Als Erstes sollten Sie einfache Wendungen üben – bereits zwei, drei Schritte vom Hufschlag weg dürfen Sie als Erfolg verbuchen! Auch der Zirkel eignet sich als Übungslinie – je sicherer Sie werden, desto unabhängiger werden Ihre Linien: Sie können überall in der Bahn voltenähnliche Kringel anlegen, Schlangenlinien, freie Geraden, innere Hufschläge reiten. Allmählich wird die gerittene Linie der vorgestellten immer ähnlicher werden. Üben Sie jede Form, die Sie auf einer Hand angelegt haben, gleich auch auf der anderen. Üben Sie, den Handwechsel immer flüssiger und vorausschauender einzuleiten und auszuführen.

Achtung: Behalten Sie bei aller Konzentration doch die anderen Reiter im Auge, sonst werden Sie schnell zum störenden Hindernis!

Mit dieser Übung können Sie die Zeit nutzen, in der das Pferd grundsätzlich im Schritt ohne besondere Anstrengung bewegt werden soll, die Zeit, die manchmal als Verschwendung abgekürzt oder übersprungen wird. Auch die Arbeitsphase können Sie spielerisch damit abschließen. In Zeiten, die oft „abgesessen" werden, entstehen dann wertvolle Begegnungen, werden Sie den Kontakt zu Ihrem Pferd vertiefen.

Die Zügelhilfen

Ach ja, beinahe hätten wir es vergessen und fragen uns jetzt: Wenn man sich beim Reiten nicht festhalten muss und das Pferd auch ohne Zügel lenken kann – wofür braucht man die dann? Es ist gut, die Zügel erst einzusetzen, wenn man sie im Sinne feiner Hilfengebung nutzen kann. In der Praxis ist dies kaum durchzusetzen, doch sollte sich der Reiter immer wieder bewusst machen, was er da in seinen Händen hält, und seine Balance und Unabhängigkeit verbessern.

Wenn der Reiter in Schritt, Trab und Galopp ausbalanciert ist, federt sein Becken die Rückenbewegungen des Pferdes ab und er bekommt die Hände frei für das Gespräch mit dem Pferdemaul. Jedes Kauen des Pferdes auf der Trense, jedes Kopfnicken, jede Veränderung durch Stellung und Biegung will in der Reiterhand abgefedert werden. Das ist vorwiegend Fingerspitzenarbeit, meist ein leichtes Zudrücken und Lösen

Die Finger öffnen und schließen sich, als ob man einen Waschlappen ausdrückt.

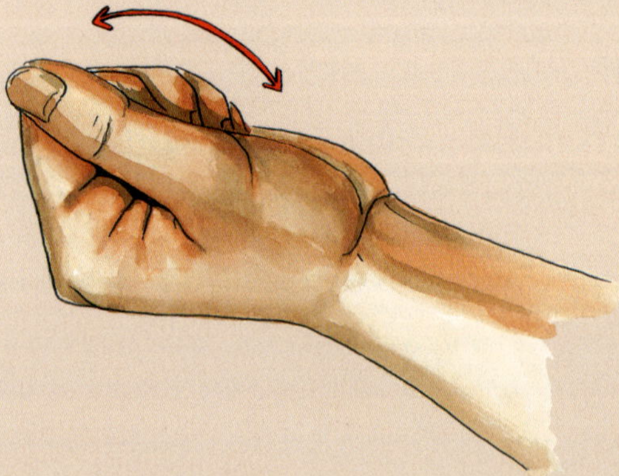

Die Ellenbogen gehören dem Reiter.

der Finger, etwa wie man einen Waschlappen ausdrückt. Manchmal muss die ganze Hand gedreht werden, nach innen oder außen. Sollte der Zügel zu lang werden, weil er durch die Hand gerutscht ist, wird er nachgefasst – und nicht durch Zurücknehmen der Ellenbogen oder Schultern korrigiert!

Die Ellenbogen hängen beidseits an den Oberarmen von der Schulter herab und bleiben in der Nähe des Körpers: Sie gehören dem Reiter – und nicht dem Pferd!

Nehmen Sie die Zügel so kurz, dass Sie die Verbindung zum Pferdemaul spüren, und folgen Sie seinen kleinen Bewegungen. Spielen Sie mit der Spannung in den Händen. Von außen sind diese kleinen Bewegungen fast nicht zu erkennen. Die Hände bleiben aufrecht und liegen auf der Linie Pferdemaul–Ellenbogen, die Zügel laufen glatt unter dem Ringfinger durch die geschlossene Hand, die Daumen bilden ein kleines Dach und halten den Zügel fest.

Das Bild von Sally Swift, auf dem der Reiter in jeder Hand einen kleinen Vogel hält, der nicht entwischen, aber auch nicht zerdrückt werden darf, kann Ihnen eine Vorstellung davon vermitteln, wie die Zügel zu halten sind.

Die Zügelhände von der Seite und aus der Perspektive des Reiters.

Warnung

„Die Ellenbogen gehören dem Reiter"
Gelegentlich sieht man Reiter mit nach vorne gestreckten, fast geraden, durchgedrückten Ellenbogen: Sie gefährden ihr Gleichgewicht und ihren Halt. Sobald das Pferd mit der Nase nach vorne ruckt oder nach unten stößt, werden sie gnadenlos nach vorne gerissen!

Übung

„Das andere Ende des Zügels"

Bitten Sie jemanden, ein Ende eines Zügels, einer Longe oder eines dünnen Stricks in die Hand zu nehmen. Fassen Sie selbst ungefähr einen Meter davon entfernt zu. Einer von Ihnen beginnt: Durch leichtes Öffnen und Schließen der Fingerspitzen gibt er eine Bewegung vor, die der andere durch gegensinniges, feines Öffnen und Schließen seiner Hand beantwortet. Der Zügel zwischen Ihnen soll gleichmäßig gespannt bleiben, darf nicht springen, rucken oder gezerrt werden. Wechseln Sie die Führung. Probieren Sie ein Zwiegespräch zwischen den Händen: Einer führt, der andere reagiert, der andere übernimmt die Führung, der Erste folgt, und so fort. Machen Sie die Übung auch mit der jeweils anderen Hand, schließlich auch beidhändig.

Dennoch: Die Erfahrung lehrt, dass die Zügelführung bestens vorbereitet sein kann, der Balancesitz schon ziemlich sicher sein kann – und doch durcheinander gerät, sobald der Reiter den Zügel aufnimmt. Das hängt damit zusammen, dass wir im Alltag gewohnt sind, alles mit den Händen und unter Kontrolle der Augen zu lenken, festzuhalten, „im Griff zu haben", uns nur selten ganzkörperlich einsetzen und uns in dieser Beziehung nicht(s) trauen.

Übung „Mit dem Rücken sehen"

Bewegen Sie sich mit ein paar Freunden im Raum – mit geschlossenen Augen: Können Sie spüren, wenn sich jemand nähert? Merken Sie es, bevor Sie mit jemanden zusammenstoßen? Wann kommt der andere näher? Aus welcher Richtung kommt er, in welche geht er?

Diese Übungen sind lediglich Anregungen: Sie können sie beliebig ausweiten. Versuchen Sie innerlich abzubilden, was sich zum Beispiel in der Warteschlange hinter Ihnen abspielt. Eine schöne Übung auf dem Pferderücken möchte ich Ihnen dazu nicht vorenthalten:

Übung „Rückwärts longieren"

Bitten Sie jemanden, Ihr Pferd an die Longe zu nehmen, rüsten Sie es mit einem Voltigiergurt aus – und setzen Sie sich verkehrt herum aufs Pferd, mit Blick zum Schweif. Beobachten Sie die Aktionen der Kruppe, die Muskelwellen des Rückens. Schließen Sie gelegentlich die Augen und nehmen die Bewegung tief in sich auf.

Mit den annehmenden und nachgebenden Zügelhilfen unterhalten Sie das Gespräch mit dem Pferdemaul. Mit der verwahrenden Zügelhilfe wird die Wirkung des verwahrenden Schenkels verlängert, er setzt die imaginäre Bande zum Pferdekopf hin fort. Die durchhaltende Zügelhilfe beschreibt, dass das Gespräch mit dem Pferdemaul unterbrochen wird, die Tätigkeit der Fingerspitzen hält für einen Moment inne, um dann allerdings den Zügel sofort wieder freizugeben.

Die ganze Parade

Mit der ganzen Parade wird das Pferd – egal aus welcher Gangart – angehalten. Anhalten bedeutet, die gesamte Bewegung in einem Punkt zu versammeln, ähnlich wie man einen fliegenden Ball auffängt. Lassen Sie uns den Vorgang in Zeitlupe betrachten: Sie bestimmen zunächst den Punkt, an dem Sie anhalten wollen. Barbier schlägt vor, dort einen Abgrund einzurichten. Mit dem bedingungslosen Willen, dort zu halten, holen Sie tief Luft. Die Beine geben beidseits den Rahmen, Sie atmen aus, rollen dabei auf das hintere Ende Ihrer Sitzbeinhöcker. Gleichzeitig fangen Sie die Bewegung im Pferdemaul ein, halten die Zügel für ein, zwei Kaubewegungen still – nicht mehr! – und lassen sie wieder los.

Je mehr Sie dazu kommen, all dies gleichzeitig zu tun, desto klarer vermitteln Sie Ihre Absicht dem Pferd. Das dressurmäßige Anhalten ist eine Lektion, die äußerste Konzentration, Abstimmung im Sitz und im Zwiegespräch mit dem Pferd fordert: Es ist eine versammelnde Lektion. Üben Sie sie, wenn Sie schon gut mit dem Pferd zusammenschwingen, und fordern Sie dabei von sich minimale Hilfen. Es ist beim Üben nicht wichtig, dass das Pferd im ersten Anlauf geschlossen – auf allen vier Füßen – steht. Wichtig ist, dass Sie Vertrauen in diese körperliche Zwiesprache entwickeln und lernen, sich leise mit Ihrem Pferd zu unterhalten.

Die halbe Parade

Die halbe Parade bringt die Bewegung nicht auf den Punkt, sondern lässt als „kleine Störung des gemeinsamen Bewegungsflusses" das Pferd aufmerken. Nehmen wir auch diesen Ablauf unter die Zeitlupe: Statt Ihr Becken rechts – links zu balancieren, auf Ihren „Entenfüßchen zu radeln", gehen Sie für einen kurzen Moment in den Leerlauf, halten ein „Entenfüßchen" etwas länger angezogen. Bevor sich aber das Pferd anpassen kann – und langsamer wird (siehe Übungen in Kapitel „Reden mit dem Pferderücken – Bewegungsgefühl"), schieben Sie die Bewegung schon wieder an: Ein leichter Impuls mit der Wade gibt neuen Schwung, der vom nachgebenden Zügel nach vorne, in die Bewegung entlassen wird. Und schon haben Sie die kleine Störaktion überspielt, sie wird nach außen nicht sichtbar, und radeln auf Ihren „Entenfüßchen" wieder im gemeinsamen Bewegungsfluss.

Mit der halben Parade verfeinern Sie das Zwiegespräch zwischen Reiter und Pferd. Sie sagen damit etwa: „Hör bitte mal her", oder: „Da vorne hängt eine gefährliche Decke, aber wir zwei kommen da vorbei", oder vielleicht: „Ich hab da eine Idee – machst du mit?" Sie können damit auch sagen: „Komm, wir galoppieren jetzt!", vielleicht auch einfach nur mal zwischendurch: „Hej, ich bin bei dir."

Spüren Sie die Antwort Ihres Pferdes?

Impressum

Gestaltung: Ravenstein Brain Pool
Druck: Rasch, Bramsche
Titel-und Innenfotos: Kristina Wedekind
Zeichnungen: Esther von Hacht

Printed in Germany

ISBN 3-86127-259-8

CADMOS

ReiterPraxis

Renate Ettl

SO BLEIBT IHR PFERD COOL UND GELASSEN

Gelassenheitstraining für Alltag und Training

80 Seiten, broschiert, farbig
ISBN 3-86127-545-7
€ 10,95 · € (A) 11,30 · SFR 19,80

Angelika Schmelzer

ALTES REITERWISSEN NEU ENTDECKT

Vergessene Tips und Tricks für Pferdeleute aus vielen Jahrhunderten

96 Seiten, broschiert, farbig
ISBN 3-86127-510-4
€ 10,95 · € (A) 11,30 · SFR 19,80

Renate Ettl

PRAKTISCHE PFERDEMASSAGE

Techniken zur Muskellockerung und Dehnung

96 Seiten, broschiert, farbig
ISBN 3-86127-519-8
€ 10,95 · € (A) 11,30 · SFR 19,80

Burkhard Rau

GUTE ARBEIT AM HUF

So erkennt man einen gute
Hufschmied oder Hufpflege

96 Seiten, broschiert, farbig
ISBN 3-86127-525-2
€ 10,95 · € (A) 11,30 · SFR 19,80

Angelika Schmelzer

PFERDEFÜTTERUNG – LEICHT GEMACHT

Techniken zur Muskellockerung und Dehnung

96 Seiten, broschiert, farbig
ISBN 3-86127-514-7
€ 10,95 · € (A) 11,30 · SFR 19,80

Walter Tschaikowski

BESSER REITEN MIT DER ALEXANDERTECHN

Mehr Harmonie für Reiter und Pferd

64 Seiten, broschiert, farbig
ISBN 3-86127-530-9
€ 10,95 · € (A) 11,30 · SFR 19,80

CADMOS

Cadmos Verlag GmbH · Im Dorfe 11 · 22946 Brunsbek
Tel. 0 41 07/85 17 0 · Fax 0 41 07/85 17 12
Besuchen Sie uns im Internet: **www.cadmos.de**